陳福成著

文學叢刊

六十後詩雜記現代詩集

文史哲出版社印行

國家圖書館出版品預行編目資料

六十後詩雜記現代詩集 / 陳福成著 .--初版 --
臺北市：文史哲, 民 103.06
頁；　公分（文學叢刊；323）
ISBN 978-986-314-185-3（平裝）

851.486　　103010280

文 學 叢 刊 323

六十後詩雜記現代詩集

著　者：陳　福　成
出版者：文　史　哲　出　版　社
http:// www.lapen.com.tw
e-mail：lapen@ms74.hinet.net
登記證字號：行政院新聞局版臺業字五三三七號
發行人：彭　正　雄
發行所：文　史　哲　出　版　社
印刷者：文　史　哲　出　版　社
臺北市羅斯福路一段七十二巷四號
郵政劃撥帳號：一六一八〇一七五
電話886-2-23511028・傳真886-2-23965656

定價新臺幣三四〇元

中華民國一〇三年（2014）六月初版

ISBN 978-986-314-185-3　09323

自序 《六十後詩雜記現代詩集》有感

每個詩人寫詩的習慣不同，有的要煙酒助興，才能培養靈感。有的日夜顛倒，午夜用一杯杯咖啡提神，也有隨興任意捕捉詩的靈感，化爲翩翩詩章。

有的要大碗喝酒，大塊吃肉，喝到半醉半醒，身心全處在解放的狀態。據聞，此刻能下筆千行詩，詩泉湧現，書之不盡。但筆者試過，除了酒醉頭痛，睡得不省人事外，一行詩也寫不出來。

按我從年輕至今，寫詩的習慣比較「正常」，我通常類似雜記、筆記，任何時候我有所感悟、感時、感覺、感受，我當時或數日左右，通常會寫一些東西，詩是其中我常用的書寫形式。這本詩雜記幾全寫在二〇一二、一三到一四年春，約兩年多，我從筆記本中整理出來付印出版，可算是我六十一、二歲這兩年，一些心情的詩漾投射。

全書分六輯，並非系統性的分類，僅按大致內涵安排。第一輯瀟灑走一回，人生路的感想；第二輯弔南京大屠殺同胞英靈，包含一些政治性作品；第三輯期勉六位新台中人及一些感慨之作；第四輯新演化物種，部份有批判性的；第五輯醉月湖畔的悠閒，較多生活實況書寫；第六輯和死亡對話，有多首和死亡有關，我試著把死亡當成朋友。以上共有詩百首。（台北公館蟾蜍山萬盛草堂　陳福成雜記詩　誌於二〇一四年春）

六十後詩雜記現代詩集

目 次

第四輯　新演化物種

第五輯　醉月湖畔的悠閒……一五五

兩岸好友一家人，山西芮城劉焦智兄弟（右一、二），童年舊居，二〇一〇年。

中國文藝協會理事長，詩人王吉隆（左）、本書作者（右），二〇〇七年。

二〇〇八年，江西九江文化交流。

2007年，北京，前排正中黑西裝是中國文協理事長王吉隆，後排左四是本書作者。

妹妹，家人們，二〇一〇年。

主持台灣大學二〇一三年退休人員聯誼會會員大會，右一是第一任理事長宣家驊將軍，右二第七、八任理事長丁一倪教授，最左是第四任理事長楊建澤教授，左二是第三任理事長方祖達教授。

二〇一三年台大退聯會會員大會一景。

本書作者（右）、陳美枝（左）。

本書作者（右）、俊歌（左）。

台灣大學退聯會二〇一三年，會員大會芳影。

台灣大學退聯會二〇一三年，會員大會芳影。

台大文康活動演唱，指揮方祖達教授，左起：關麗蘇、本書作者、吳元俊、吳普炎、吳信義、周羅通。二〇一一年十一月十日。

左起：本書作者、范揚松、張夢雨

詩人吳明興（左）、本書作者（右）。

左起：本書作者、范揚松、吳明興，二〇一三年。

看戲，二〇一二年，台北。

民 93 年，佛光山。

左起：吳信義師兄、老長官涂安都將軍、本書作者，
二〇一二年佛光山。

在重慶大學，2009 年，北京。

本書作者、內人和妹妹的家人們，2014春，台中。

本書作者和妹妹的家人們，2014春，台中。

2014年5月22日，台大退聯會、教聯會、職聯會合辦，「台大千歲宴」（80歲以上退休人員），一排左五是現任校長楊泮池教授，二排右五是本書作者（台大退聯會理事長）。

2014 年 5 月 22 日，千歲宴欣賞肚皮舞表演，左起：教聯會理事長游若萩教授、職聯會理事長楊華洲先生、校長楊洋池教授、退聯會理事長陳福成（本書作者）。

第一輯 瀟灑走一回

2007 年，北京故宮。

2009 年，成都。

瀟灑走一回

眾生都身不由己必須世間走一回
要一路瀟灑歌唱翩翩飛
在你成長學習的過程中
各種酸甜苦辣必然與你糾纏到底
酸鼻會找上門，邀月共飲能解愁
甜蜜很誘人，小心別上當
苦是一種煅煉，吃苦當吃補
辣妹、辣手碰上了
沈著應戰
必能保你瀟灑走一回

這一條路也不好走
別誤信條條大路通羅馬的謊言

那八成是死路或絕路
路，最好自己開
何必走人家的路
所以真實的人生，大多時候
逢山開路，遇水架橋
上了山，有山谷、斷壁、森林迷宮
不小心就陣亡了
要過水，有浪潮、漩渦、潛伏逆流
不小心也會慘遭滅頂
但是，不要怕、不能怕
拿出勇氣，決心、智慧好好走
也能瀟灑走一回

野花真好

名花固然有小宮殿可住
享受榮華富貴
有丫環帥哥侍候
但天下沒有白吃的午餐
妳得付出更多
每天要打扮得光鮮麗亮
取悅眾人
妳也失去了自由
每天要和達官要人應酬
更可能失去純真自然本性
因為那些專家企圖改變妳的基因
進行異種交配栽培

我寧願成為一株野花
種子隨風當一個自由的背包客
飄走世界各地
隨緣找一處荒野落腳
在空曠處生根，成家立業
生兒育女也不限制他們的發展
全世界的荒野大地是我兒孫的舞台
我的真誠
我過的瀟灑
我來去自如
我明心見性

我願永遠是一株野花
野草、野蠻、野人都無所謂
反正永遠在野

餐風飲露滋養我的野性
閒雲野鶴隨興生活
擷一片彩雲做衣裳是我的美麗
邀幾隻小鳥來做客是我真誠的友誼
能野真好

就愛野花

為什麼許多人喜歡野花
千方百計，不計代價
就是愛　野花
她，不矜矜　不矜持
不作做　最重要的
她不用化粧來欺騙眾生的眼睛
還有，野花隨遇而安
她，不用名牌
她，不燒錢
幫你省錢啦

野花就是野
她能野、敢野；也能花、敢花

在所有野花中，我看到這株
最野，最有本錢野
啊，凡是野的
最自然、最真實、最純誠
我就愛妳這株野花

妳說妳生生世世就愛當野花
我說我生生世世愛野花
妳轉世在荒野
荒野為一生的家園
家的坪數無限大
光是後花園就比神州大地更大更廣
不論長短富貴
能野就是福
能野就是自由、自在

晴天，向太陽借光
陰天，乘雲去漂流
有風，在風中搖曳生姿

為什麼生生世世當野花
愛野花
野，才能種出詩
詩漾的野花
野花漾詩

與回憶對話

走失四十年的時光牽引著我
牽著妳的小手在夕陽下漫步
明月見證
星星作陪
涼風吃醋
正好釀造馨香的愛情
我彈妳唱那首「夕陽西沈」
時光是一杯濃郁的咖啡

四十年後的今夜
我偶然走到那個海邊
要牽誰的小手？
唱夕陽西沈

牽月亮的小手
歌唱，星星伴我

彩虹的秘密

彩色才符合大千世界的多元原則
眾顏色都反對黑白二分法的霸道
二分法被打破
紅黃藍綠橙青紫歡呼慶賀

彩虹是少數民族
他們敢於表現自己
甚至公然革命造反
終於戰勝黑夜和白晝的瓜分
粉碎佔優勢的二分法

彩虹的秘密
公雞和母雞都知道

風，犯了甚麼罪？

風
到底犯了什麼天大的罪
為何要捕風捉影
把　風　抓來嚴刑逼打
再不承認
你是風
馬上拉去槍斃

風
又偷了誰？
幹嘛爭風　問罪
再不承認
妳是小三

到法院告妳
冤啊夫人，我那是小三
我只是小四呀！
妳的問題要去問小五或小六
她們會告訴妳關於小七和小八的秘密

二〇一三年五月四日三月詩會習作

落葉的沈思

被時間追擊
臉色昏黃　不知所措間
母親說，去吧
經過春的誘惑
夏的嚴苛
如今也該畢業了
是收穫的季節

飄落是一種選擇
選擇是感傷　感傷飄落
人生苦短的漂泊
一落地就要被掃進焚化灶
為什麼一定要燒成灰

當下決定，不再蹉跎
以舞者的唯美姿態飄落
落葉歸根
滋養生我育我的母親

新店溪的鳥兒

每天延著新店溪散步
總有一群可愛的鳥兒和我眼眸
私密約會　驚鴻一瞥

鳥兒落滿樹
分不清是鳥還是葉
瞬間飛走的
是鳥或葉
牠們都長了翅膀
高飛的是天空會說話的眼睛
不飛的是依偎母親的乖孩子

冬天裡的一棵枯樹

群島落滿
牠們是回來解鄉愁的

家附近撿回收的阿婆

我是這附近可看的
小小一方風景
當大家悠閒在澆花
門口聊八卦
我的出現吸引大家的目光
目光是一隻蝴蝶展翼的風
冷熱寒暑不會改變的景觀

我收拾人們昨日丟棄的記憶
經篩選修補成為有些人
有用的明天
我善用今日的當下
連繫往昔和未來

至於那些政治破爛
就只好送去焚化灶了

打零工撿破爛的阿公

你被叢林中的高樓大廈壓縮
勞瘁而又瘦削的
影子，穿梭在巷弄裡
叢林太大了
看不見你掙扎求生
找到寶貝那一抹微笑
比誰都滿足了

中午，啃完一個饅頭
倒在候車室的椅子上睡一覺真享受
醒來拿出布袋裡
女兒和孫女發黃又髒的照片
那凝視淺笑

就當成僅有的天倫之樂
希望她們在美國健康快樂

寄語酒駕撞死人者

你開懷暢飲一杯酒
人家白髮送黑髮
兩行淚注滿長江黃河
滾滾的淚
喚不醒你
良心一顆

你最後
無間地獄路一條
去收拾你
肇下的因

彈吉他給杏花林聽

春神，喚醒爛漫的山花
嬌滴滴的是春風
也有新芽開啓好奇心
一把情不自禁的吉他
為一片杏花演唱情歌
迎來眾樹也一起開花叫好

和煦的春風自六弦流洩
瀰漫清涼山景
整座山都溫柔了起來，洋溢著
溫情
連小草、石頭、鳥兒都情不自禁
自四面八方趕來觀賞
杏花林演唱會

影子不乖

影子是很黏媽媽的特殊兒童
無論如何總要黏著你
一刻不停
黏你
叫你心煩意亂

他不乖、他不能獨立
他不受教、不能馴服
打罵又不行
兒童心理專家束手無策
他就是黏人
跟著你、勾引你、意淫你

終於你和影子
相偕孤獨、崩潰

勇者

落葉不甘心向下垂掉
決心反抗地心引力的惡勢力
向飛鳥學習
高飛、飛遠

木馬批判一隻純種馬
痛罵所有的馬
赤兔馬、血汗馬、八駿……
都未曾憑一隻馬打勝一場戰爭
只有木馬曾經屠一座城

因而，小木馬進而批判戰車
愚不可及

不如一片落葉
或木馬

花

花
是不管季節的
尤其不管四維八德
會花的
就花

至於
漂不漂亮
賞花人心中自有一把尺

花
不管一切
一切不管

妳眼眸飄出一片彩雲

偶然一片彩雲
自妳眼眸飄出
我小心翼翼
接招
想駕雲
在雲中翻飛後
有愛的頓悟

換我從心底飄出一道彩虹
多麼希望
彩虹和彩雲能接軌
不奢求有陰陽交流的機會
只要給我如雲薄的一片陽光

和如雲輕的一滴露水
就是生命的圓滿

小姐，不老！

七老八十，不能說妳老
妳會很不高興
啊！小姐，妳不老
只是暮春

春天的亮麗不會停下腳步
林志玲的腳步也不會
遲早要走到暮春
再來是冬天
白雪會飄來

改變春的顏色便能轉變風景
指粉加厚、足尖踮高、春裙稍短

還是可以搖曳生姿
起漣漪　掀波浪

第二輯　弔南京大屠殺同胞英靈

2009 年，重慶西南大學。

2007 年，北京。

弔南京大屠殺同胞英靈

我舉春秋巨椽
弔民誅倭
天人同悲的慘絕大屠殺
不能走入歷史
要走入中國民心
我以熊熊烈焰的熱情握春秋筆
閃耀著焱焱燭花
是祭奠同胞英靈永恆不息的燭淚

淚，流自一九三七年十二月十三日
南京城來了一群魑魅魍魎化身的倭獸
古稱倭寇　今稱小日本鬼子
實際上是人類退化後的類人

吃了熊心豹子胆
竟說消滅中國是他們的歷史使命
明萬歷朝鮮戰、甲午戰、八年抗戰、二戰
全亞洲死人三億

三億亡靈向誰討回血海深仇
草鞋峽屠殺的亡靈仍在喊冤
江東門活埋的靈魂喊著要回血債
那冤、那仇、那債
是中國歷史永恆的痛
仍痛在廿一世紀十三億人民心中
痛，痛那債要不回來
痛，痛人間的公平正義何在？
我手握春秋筆，以春秋史官的良心如是說

債，是一定要拿回來
仇，也一定要報
廿一世紀的中國人有一個天命
必須要完成的天職
為全亞洲除禍害，除滅倭魔
北海道、東京、大阪、本州
各送一顆核彈　能滅七成倭魔
倭島收為中國版圖　改設
中國扶桑省

用現今七成倭魔生靈
弔南京大屠殺同胞英靈
祭奠三億死於倭魔的亡魂
很公道、很便宜、合人權
倭魔的存在是進化論的錯、世界的錯

是中國人最大的錯
中國春秋史官如是說

蝶戀花．綠色人馬看神州

茫茫心亂看神州，
列祖列宗，怎成中國豬？
豬的後代還是豬，游錫堃掃誰的墓

回首台獨三百年，
剩一張嘴，口水變洪水。
淹死多少台灣人？祖宗莫怪不孝子

滿江紅・台獨末日

搞台獨的，如今只剩一張嘴。
看馬英九搞三通，滿腹心酸。
酸溜溜的酸死人，下決心扳回一城
頭目小賊紛紛西進，非台獨！

恨不得，要上台，要活命，搶舞台
中國崛起時，台獨何去？
嘴巴說說顧面子，大膽西進裡子好
綠營台獨藍營獨台，沒得搞。

包裝·廣告·欺騙

把豬包起來
裝得密不透風
便能粧成一隻美麗的天鵝

把毒油包得神不知鬼不覺
裝成養生極品
假貨經由包裝都成真金
於是
橄欖油中沒有橄欖
牛排裡面不是牛肉
全民都在問
牛肉在那裡

二〇一三年的台灣

全是假的

在假的基礎上，來年呢？

獅或雞

門口臥著一隻灰狼
獅子感到威脅
睡了幾百年也該醒了
獅子就是獅子
不要人家說你是老母雞
你就真成了只能被捉來
燉雞湯的
老母雞

消除危險只有一個辦法
一口咬死那頭狼
骨肉都不必剩
全吃了
從此天下太平

天譴

——倭國三一一眞相

是誰有神力把西太平洋捅個大洞？
要引全部太平洋水淹死所有倭人
是誰有魔力撼搖地球板塊？
要埋葬那些姦殺女人的大和變態族
神魔為什麼要聯手製造三一一？
非要消滅這個人類的異種不可

是地藏菩薩派出十殿閻羅
黑白無常、十大名捕
捉拿倭國大和異種等全部要犯
也是因果來索命

是誰來索命？
明萬歷朝鮮七年之戰二百萬鬼
甲午事件百萬孤魂
大東亞統一冤死幾億
那南京大屠殺的冤魂要索命
那些被姦殺的女人
那些被迫充當慰安婦的女人們
以及無數倭人刀下的亡魂
都要回來索命
債，是跑不掉的，一定要還

那些大和異種罪犯至今聲稱
沒犯罪、沒犯錯
這些妖魔鬼怪又耀武揚威
這些魑魅魍魎正準備啓動第四次亡華之戰

這些似人非人的兩足獸狂稱大和
是全亞洲的禍害
是全世界的癌種
是全地球的毒瘤

禍害要剷除、癌種要割除
毒瘤更要全部清除
神魔聯手，用三一一給倭鬼示警
這是天譴
天譴還不能讓倭鬼醒悟知錯
廿一世紀的中國人有一個天命
以五顆核彈消滅所有倭人
收服倭國改設中國扶桑省
替天行道　亦天譴要旨

台灣人

把自己膨脹成一個大汽球
大汽球的腦袋
這還不夠大
南部說要無限放大
大如天空

把別人都縮小
小如小數點
可以省略

要出頭、要第一
台灣地圖放大百倍就大過大陸
放大千倍
比世界大

釣魚台

都説是釣魚台問題
釣魚台那有問題
日夜守護著祖國東南戰略要域

有問題的是古今以來
住在神州大地上
廣大的沒種的子民

再不硬起來
遲早又割讓了台灣
連北京人家也要拿去

挽救許多釣魚台

東洋倭寇到我們家門口
搶走了我們的孩子
許多倭寇紛紛上門了

五百年來　東洋鬼子
以搶食我們無數子民
為謀生之道

一定要消滅倭寇
用五顆原子彈收為扶桑省
可保亞洲永久和平

否則、否則

台灣、海南、朝鮮、神州大地
遲早都是倭寇的釣魚台

蔡英文的嘆息

何時播的種
懷胎，已
三百多年了
到妳身上，仍
胎
死腹中
唉，怎都生不出來
那可怕的胎毒！

小記：康熙元年（1662），鄭成功卒於台灣。子經嗣立，康熙二十年（1681）又卒於台灣。奸臣殺長子克𡒉，擁次子克塽。塽開始構想「台灣獨立」，康熙二十二年（1683）施琅征台，克塽降，中國又回到統一局面。

台灣風

台灣風很有特色
可以成為人類學的活化石
台灣風有色有味
每個人要做什麼？要去那裡？
都只看風的顏色
三餐想吃什麼？並非按生理需要
只要聞聞風的味道

因此，台灣風很值錢
朝野各界專家教授學者名嘴
都在捕風
捕風可以賺大錢
可以鬥垮任何不喜歡的敵手

建構屬於自己一片大好江山

很多老外也來參觀台灣風
台灣依風領政　以風治國
靠風賺外匯
我們引以為名的大業
建築在風的基礎上

藍色和綠色

藍色和綠色
你們別綁架了所有顏色

健康的藍天白雲
環保的綠野山川
都是美好家園環境的必要條件

如夫妻兄弟吵吵架　賭賭氣
何必成仇人
我們生長的大地須藍、綠及其他顏色

一家人

你看見嗎？
現在國軍和解放軍如一家人
誰是敵人？
誰是朋友？

你沒看見嗎？
統派和獨派白天在立法院大吵一架後
晚上在飯店裡
也是一家人

現在分離太久的兩岸兄弟
要把家重新復興起來
我們是一家人

殘冬，老了

老了就是老了
我再叫妳小姐，稱妳明媚如春
就是諷刺、挖苦

至少一個冬天妳曾春風得意
淅淅瀝瀝的熱鬧樣子
算是回眸一笑的最後容顏
讓故事有頭有尾
把下輩子的事託付給將到的春天
等候來年再顯妳的嚴寒和孤冷

殘冬，老了
須要長眠，埋葬在土壤裡
為轉世新生

第三輯　期勉六位新台中人

民族的希望

新台中人們

期勉六位新台中人

本來是一座崇高的大山
有機會和五嶽平起平坐
卻因種種原因快速變成一個小土堆
小土堆很快連重量也稱不出來
為什麼？
這一切都是態度的問題
成為一座山
山要有山的態度

綠水轉污，繁花敗壞
色或是空　空或是色
及有或無　多和少
通常問題也出在態度

在別人眼中看你
只見態度
你用何種態度行走人生路
事關大路小路、有路無路
乃至活路死路
淮寧、淮毓、曉瑄、曉湉、曉宓、佑弦
你們要記住舅公的叮嚀

我會永遠聽你們唱歌

——給六個可愛的娃娃

淮寧、淮毓、曉瑄、曉湉、曉宓、佑弦
六個可愛的娃娃

你們是新台中人、新中國人
你們的血液都流著炎黃子孫的基因
舅公和你們的時代相差半個多世紀
但我知道你們的人生都是一首亮麗的歌
我雖不能陪你們長大、成家立業
我會永遠聽你們唱出快樂的人生之歌

起初，你們可能在一塊沒什麼營養的草原上唱歌
也許有人聽，也許沒人聽，沒人理你們
別氣餒，只管唱，快樂唱

不久會有一些小山丘過來聽歌
當然舅公也在聽
不論用喊用叫的，我聽那聲音都是動聽的
大家都滿懷快樂聽你們高歌人生的起站

不久你們站在一座不大不小的山頭歌唱
會有些聽眾或粉絲來加油
舅公也會在一個神秘的角落鼓掌叫好
你們的故事平凡而真誠

少不了有艱難和辛酸
我知道你們有勇氣克服，你們會相互鼓舞
高聲朗笑或哭泣都一樣動人
因為歌聲迎向朝霞，給人希望

後來你們會攀上人生的高峰
在高處展演你們人生的意義
詮釋你們和國家民族與社會蒼生的關係
你們用歌聲寫歷史說故事
舅公依然在一個高高的地方靜靜的聽著
但有些時候人算不如天算
或許你們也會碰上政局腐敗、社會黑暗
這時候不論你們選擇革命或造反
舅公一定都支持 而且
邀請天兵天將來助陣
畢竟，人間要正義，社會才光明

淮寧、淮毓、曉瑄、曉湉、曉宓、佑弦
你們的人生是亮麗、健康的進行曲
舅公永遠是忠實的聽眾

建國小巷（一）

安安靜靜的建國小巷
閃著革命大業落幕後斑駁的秋光
雜亂無章的小巷鐵皮屋旁
靜思安坐的老革命格外安詳
看得出他們一生千山飄蕩
流飄過金燦燦的海洋

建國小巷假日成了天堂
新新台中人一個個報到真夯
空氣中彌漫著新生的微微醇香
一哭一笑牽動阿公阿媽的心房
長江後浪推著前浪老
功成名就後別忘
小巷是最初啓蒙的道場

建國小巷(二)

建國小巷，是一首古老的民謠
經常有聲音
遙向神州大地路杳杳
血緣不能被阻斷
歷史不能在小巷裡去掉
覆蓋滅沒註消
紛沓的腳步聲不斷向故鄉探路

暮色中晃動的背影日漸孤寂
陽光也凋謝
只剩一些零落的回憶
才說未完的故事
瞬間是噩耗

所有的情節都沈澱凝固
等待後來的有緣人考古出土

想

午後發呆
呆呆，想，群群黑蟻
爬上心頭
梳理一段想——思
太陽急忙要趕路，沈落黃昏的笑意
微笑的小草們在春泥裡
誕生
很快，把春夏秋冬追過
把廿一世紀五〇年代丟在後頭
在星光下你們編寫人生篇章
故事，屬於你們的
你們的春秋

六條路

世間的路太多了
多說條條大道通羅馬
現在不見得
羅馬已經沒落
通北京大有可為

北京路的時代來了
你們的時代條條大道通北京
但別以為條條都是成功路
每條路都有坎坷、迷霧、土匪
乃至魔鬼、妖精
美麗的小溪也會淹死人的

用你們的智慧、慈悲和勇氣走路
六條真善美的道路

回首前塵

一隻被養來戰鬥的公雞
打了二十年敗仗
全身傷痕累累
偶然的機緣
收攏翅膀
退居黌宮泮水
頓悟開啓宇宙人生之實相

遠離了驚心要命　又
無法無天的擂台戰場
你慢慢癒傷止痛
尚未復原的午夜
還以為有黑槍追殺過來

我只好用一首詩擋住飛來的子彈
並拿唐詩宋詞敷在傷口上

父親

終於
你不亢不卑不求的眼神
夯擊我的靈眸
我猛然一醒
你已西去
那眼神成為一枝巨大的禪宗巨棒
棒喝聲在我心中迴旋震盪

這半生我不斷解讀那眼神
儘管時間會吞滅生活所有的記憶
我卻揮不去你無求的身影
有影子包圍我的世界
我常想突圍、脱困

又把自己驅向另一個淵洋

無數的日夜
在無邊的淵洋江海中
向無邊的岸
浮泳

夕陽

很多人說夕陽好美
我也喜歡她的典雅唯美
為什麼？
因為一天就要結束了
生命最後的光輝
最珍貴　真誠

妳是真的美
眾人皆說
妳不要臉紅

螢火蟲

黑夜
是妳穿在身上
唯一最美
彰顯身份的
高貴禮服

妳
是黑夜
最美的眼睛
不須彩粧　或用
假睫毛

愛的傳承

十八姑娘一朵花
幾春過
嫩白小手成黃瓜
日子飛快
青絲飄雪華
還有幾片落葉飄
兒女成家立業生娃娃
娃兒追著公婆要玩耍
轉眼娃娃又長大

愛的傳承走到廿一世紀
很多人說：太累不傳了

七夕

今夜的月那麼冷漠
無情的臉
如同四十年前
還是沒有色血的慘白
曾經短暫的唯美浪漫
只是一塊塊不能組合的化石

七夕為什麼成為一座雷峰塔
比世貿崇高的愛情
瞬間被妳絕情的九一一撞垮
我欲重建高塔
卻只建成一座廢墟

父母

我是一盞燈　省油的燈
好燈
我每天省吃儉用　做死做活
幫家裡省錢　省油
照亮全家
你們有誰道過一聲謝

我是一缶　省燈的油
好油
我每天努力賺錢　提供好油
維持一家小康
一切付出
你們有誰說個好

解構愛因斯坦

從地球上空打一個洞
空洞
通冥王星
再繞銀河系一圈
蜜月旅行
時間不會花太久

因為時間空間都說
我們扭曲成一對天命情侶
登記户籍時我們共同叫
時空

物質同意時空的觀點

決定參與友誼演出

共創

$E=MC^2$

時間、空間、物質都在和愛因斯坦

玩 3P

閉關一天

風・封

冷風未經我同意
在大門貼了封條
我只好閉關

吃・喝

冷，把物質燒了
一屋子燒
吃吃喝喝
保暖又滅火

茶・泡

一群茶葉在下面期待

水深火熱
他們說若不進熱獄
一生白活了
我只好泡了一天
茶和我階大歡喜

戰．後

休戰很久了
沒想到吃飽喝足
人，會啓戰端
不知為何！一戰
後，休養生息
竟要半個世紀

電・視

電，早已一統天下
震碎了所有人的眼睛
無視覺的　無感覺的
只好坐在電視機前
讓電視鳥瞰

耕・田

身為作家要抵抗所有的入侵
因為我要先入侵一切
把茶葉、電視、風等
入侵且統一成良田
我才能耕出好果實

房．間

房子飄浮著混沌的陰霾
光嚇成一臉蒼白
我也被一條條蛇叫纏
只好用詩鎮壓心神不寧
還是不行
我索性把自己縮小
躲入房的間隙睡大頭覺
直到老婆派出使者
把我挖出來吃晚飯

出．關

不是那塊料子隨便說閉關
才一天
人就發霉

心頭長蛆
蛇長成蟒
快受不了了
第二天我決心突破風封房間
以及電視的集權掌控
出——關

春神

晨

一隻鳥最先醒來
叫醒陽光和樹葉跟著駭
不久十二生肖和眾生
跟著 High 翻天
一到白天
天，翻了

蝶

愛做夢的蝶最慢醒來
昨晚和莊周聊八卦熬夜
恍神之際
以為那落葉是天命情人

追了過去
引來更多春之神
飛向我

愁

感覺，春之美神
太孤寂
還是有些年歲了
那雲和雨
還有春花
都離我太遠

想

那些人，一直在想
如何可以回春

讓花不謝
謝了可以返回生鮮
再展美色
春神傷透了腦筋
入夢去補精補氣吧
春神只好這麼說

晚春

去那裡找個人聊聊知心話
雲和風離得遠遠的
我只好找樹葉說話
樹嫌我嘮叨
整樹搖頭
叫我別聒噪了

春・神

現在起我說自己是神
神長生不死
故無晚春
我不甘寂寞
開始追逐白雲
糾纏小雨
我就是要叫春
回來

春・雨

外面
為何連夜哭泣
滴滴答答叫春
春不應

庭前新枝抽新芽
在風雨中掙扎

冬雨綿綿

一連幾個日夜的冬
翻臉無常
送來極濕冷的夢魘
把世界變成無間冷獄
刑期竟比五千年中國史還長
窸窸窣窣的一定是密謀
大聲拍打是一場場擺不平的戰役
嘩啦嘩啦的打打停停
歷史分又合，合又分
只聽到戰敗的滴滴答答的咕嘟著

管他歷史或地理
老夫只想入夢求一段仙女奇緣

不可得而一再被騷擾
那些綿綿的雨聲都是舊情了
這冬雨綿綿是仇人還是朋友
或無聊女子

歷史的紛爭是永無休止的

竹組曲

綿竹酒

好友請喝酒
酒鄉是綿竹
據聞
前往綿竹路上無路標
酒香就是指路人
飛往綿竹的飛機不須導航
導航的，是酒香

竹杖

面對壓力要撐住
人的虛弱
指望著你的正直堅定

頂住一片天
人難免為五斗屈曲

竹影

妳的婀娜多姿
雲門舞者在微風中輕輕飄起
所謂氣節
其實不必執著彎度
或竹或影
亭亭玉立的身影
飄逸的秀髮
竹之影
之真之美，亦必善
我賭定你就是一個清廉好官

竹

隱隱約約自隔空傳音來
有三月詩會詩人們
以吾為題，要寫吾
但高風亮節
怎寫得出來？

吾，是一個夢
東方，只存在陶淵明的桃花源
西方，只存在柏拉圖的理想國
吾勸詩人們
別白做工了

露

因為妳的天命
屬於黑夜
黑夜是妳的白天
夜的掩護下妳完成自我實現

當朝陽慈悲對妳示警
妳知趣的收拾行頭
暫避光明的殺傷力
等待再展風華的時機

生命的檢證
向來只在一夜實踐

教堂

社會越進步這種清潔公司越多
因為很多人需要
混不到兩天就從外髒到內
等不及星期天了
才清潔完過幾天的吃喝嫖賭
幾夜花天酒地
一顆心又染成
黑心
再洗，牧師的嘴可以強力漂白
讓你白成一張空白的白紙
牧師說一切不潔不需你負責
一切交給神

第四輯　新演化物種

2008 年，與妻在海南省

2009 年，重慶西南大學，正中是呂進教授

新演化物種

我看到進化舞台出現大量新物種
是謂新生代
沒腳沒根　總是漂浮著
沒頭沒臉　有些是自己不要臉的
有頭有臉的，盡是沒心沒肝

他們活著，只是活著
活著，什麼都不會
不會，因有人包養
像養在豬圈的豬
豬，就是能吃
一種只會吃的高等新生物種

但，達爾文說，這，不可能

那年秋天

夕陽西沈　我倆
窗前望　秋色
在眸中流洩
大地染成了飄葉的容顏
時間之河漂洗千遍
直到幾回花開花落
那樣的秋色秋聲成了終曲

我找尋這樣的秋景
歷經半生
只碰到幾隻昏鴉野雁
秋夜裡
月亮是妳晶瑩的淚滴

西風吹的是陣陣情話
儷影只在夢中

詩與酒的對話

詩不甘寂寞
找不到酒叫巫山點點愁
詩說
沒有酒
詩只是一具具死屍
死詩

酒道穿腸毒藥
只有碰到詩才變成補心藥方
酒說
沒有詩
酒寧願是席宴上最後一道零嘴
關閉酒廠

年青時

從小立志要革命
革去漢奸、走狗、叛黨叛國者的狗命
從此自識天命，關注兩岸行情
守金門　駐馬祖
高登遠望神州心頭碰碰跳
追隨最高領袖拼命喊叫

如痴　如醉，埋頭苦幹
熱情沖昏了頭，險些撤職查辦
有一天很多人說：都是白做工啦
我突然從夢中驚醒
像遊走於荒野叢林的孤魂
找不到可以投胎轉世的生途

仇人才是最好的益友

你想想　這輩子結下多少仇人
是借錢不還嗎？
錢，不是用來借人的
給人　送人的
你終於學到寶貴的一課

是他罵你混蛋嗎？
想想自己定有混蛋的地方
修正後成好蛋
更可能是賢能仁者
是她罵妳豬八戒嗎？
她是希望你成孫悟空

啊！朋友，仇人即恩人
仇人愈多即恩人愈多
成功立業之大本在此
大家要多結仇人

看牙

那天我牙痛去三總看牙
平常到醫院極少看到向日葵
但今天一進診室
一朵向日葵對著我
瞬間使牙痛減緩大半
微笑的花也向四週飄溢芬芳
先生，請座
甜美的聲音又讓牙痛好了大半
我正思索　牙可以不用看了
但
看到醫生
我又開始痛，好痛！

政治學

只有狐狸、獅子、鱷魚、巨蟒
仍在捧讀《政治學》
十二生肖有的仍在讀孔孟
但孔孟已宣告退出江湖

千年古木被一群豬偷去
賣了
狐狸修煉成精
都是王道
獅子鱷魚追殺羚羊也是公道
口水成洪水沖倒一座山
山坡土石流稱霸

滾下來殺人
是最正點的政治學

色．戒

色藏於空很難戒
空中之色看不見，戒不掉
白天或黑夜有影隨行
悄悄釘上你也來不及戒
也罷
就讓婚姻或愛情乃至交配
萬歲萬歲萬萬歲
歷史才有得寫
所要小心的是心存戒備
色諜就在你身邊

她

她是一支尖尖細細
用言語製造　無形的針
她每天總會刺傷你幾回
在心頭　肉裡　表皮
全身任由她刺
因為你無從回避
那一針針
來得太快　太準
只讓你痛一下
小痛、中痛、大痛、極痛
你死不了
你得自己慢慢療傷
傷未好

針又來了……

她是一個龍卷風
有時大　有時小
就是不可測
你也躲不掉　無處躲
說來就來　說走就走
造成的遍地傷害
她才不管呢
瞬間消失無蹤
你就慢慢收拾吧
有些破壞是很難補的

她是皇帝
也算好皇帝

犧牲青春年華　為國為民
可天顏不可犯　不可逆
不可測　不可近
你得保持距離
要很小心　極小心
伴君如伴虎啊

她是一陣風
清風不識字
只是翻翻書
讀過書
風會有判斷力嗎？
但她翻臉如翻書
翻書鼓起的微弱風雲
產生了蝴蝶效應

不僅吹得倒你
也經常造成遍地災情
久久難以復原

她是調查局局長
她始終要查清四週一切事
別以為你跑得老遠　脫離掌控
回來得一一在局裡簡報
晚上在那裡　吃飯在那裡
有時局長會質疑
張科長在甲餐廳　你為何在乙餐廳
你得好好解釋
她真是搞調查的料子
任何人和她相處十分鐘
她定能知道你上三代下三代事

很厲害吧
她所知道的訊息
絕對多過鬼混的軍情局長和國安局長

她是一部念經機
全自動的
不論有電無電都能念
停念不定
念隨心起　不論日夜　四季
你無處可躲
你總不能用水泥封住兩耳
那聲音有時像遠處的土石流
有時如近處整群的砲聲
長期對準你
但

你得頂住　以忍修行
不然，要去跳海嗎？

她是一糰黏膠
她什麼人什麼事都要黏一下
什麼事都和她有關
只要被她黏上了
她說是好意　是建議
但保證你會被糾纏得想放棄一切
孫中山先生要是被她黏上了
別說十一次革命成功
就是百次也是白做工
也絕不可能有中華民國的誕生
其實她也是一個玻璃娃娃

經不起一點點風吹
任何微風細雨對她都可能是驚天動地
你不能說什麼
稍有不滿你可能成了罪犯
因為玻璃娃娃是傷不得的
一句重話
就可能造成無法收拾的災情

當然，也有平靜的日子
除了
沒有飛針時
無龍卷風時
皇帝下班時
念經機當機了
調查局長放假

無風雲　無波浪時
她　還算
慈眉善目
她，讓你吃飽喝足
她，任勞任怨
她，無怨無悔
她，做死做活
你日子還是能過
但，她是什麼
玻璃娃娃
無敵鐵金鋼
魔鬼終結者
一隻夏蟬
總之　你每天得小心

你要顫顫驚驚
你要小心過關
每一分鐘都是一個要命的關
一根針隨時會刺傷你心頭
龍卷風在你面前瞬間颳起
虎君是無常的
得罪了你無法收拾
啊，觀自在菩薩
我只好躲進你的普陀山紫竹林中
修行　或
避難

但你不能一直在避難，得回到紅塵道場
接受試煉、考驗，你經過
九萬九千九百九十九個小小的折磨

九千九百九十九個通關月考
九百九十九個期末考
九九八十一個大關卡
關關都要命，你才頓悟

原來，她是一尊佛
你必須將她擎起成高坐在上的神祇

龍門酒棧

邊陲的邊陲外
有一座被獨孤星球寵愛的酒棧
住著星球滅絕前僅存的物種
假設他們也叫人

這裡的人吃黃沙可以混三餐
蒸煮黃沙也成美酒
紅燒黃沙成大塊大塊的肉
喝酒是客棧中唯一的風景

這裡的紅燒肉煮熟後
心臟還跳　張大嘴說
有誰膽敢吃我

就叫錦衣衛追殺你九族八代

這裡的人也怪
酒喝的爽不爽、要不要喝
都說　先問問我手上的劍
通常大家肉照吃　酒照喝
這酒棧也真厲害
歷五千年而不倒
不論好壞都能在滾滾黃沙中撐下去
真是神呀

我在好奇心驅使之下
命法務部調查局啓動監聽機制
令國家安全局派高級太監
應該叫星際政務宦官　依法調查

結果讓人驚奇
原來他們也是炎黃子孫星際移民的後代
龍的傳人
他們不忘祖源取名龍門酒棧

孝親，在流浪

孝親很老了
活的很累、很苦、很沒有尊嚴
而且很重
是許多人心中的石頭
都深恐掉下來砸到腳
孝親只好成為流浪漢
沒人要
獨自躺在無人的街角
等死
撿取人家丟過來的同情充飢
為何要去街角流浪？
因為孝親已不住於家

為何等死？
因已半死不活
想活，這世界誰要接納？
想死，卻一息尚存
期待有好心的給他最後一刀
解脫
啊，孝親，你所處的世界
是何樣的世界？

孝親現在成了孤魂野鬼
在陽界，沒有依住的家園
而陰界，尚未取得入境簽證
游走於陰陽兩界間的灰色地帶
前進無門　回頭無岸
苦海無邊　阿彌陀佛

小記：現代社會真是「詭異」的很，照理說富裕後更應老有所養，但似乎不是那回事。那一家人（朋友轉述），兒女都有高成就，有醫生、有教授，就是兩個「老家夥」沒人要，老人家一生省吃儉用的老本被「盜領」一空，兒女拿去買車的買車，花用的花用，美其名曰：「反正老人不會用錢」。「孝親」觀念在現代社會多麼淡薄！難以理解，孝養父母真的已成「夕陽工業」，那是「個案」嗎？放眼看去，多聽聽，似乎很「普及」。深有所感，（二〇一二年夏草於台北蟾蜍山，萬盛草堂主人陳福成）。

公無渡河（一）

公無渡河，救難手續正在申請中
公竟渡河，高層長官說要請示三公
墮河而死，大水無情沖過來
當奈公何，全民沸騰拼命轟

氣氛預告會變天，公無渡溪
烏雲滿天龍王說，公竟渡溪
大水挾土石流來，墮溪而死
寶貴生命滅了頂，詩亦無奈

公無渡河（二）

公無渡河，台獨毒河很可怕
公竟渡河，你偏要背叛祖宗涉獨
墮河而死，獨河毒水飲一口無救
當奈公何，成了民族罪人老番癲

五千年歷史文化警示，公勿涉獨
億億人民口水淹死你，公竟涉獨
分裂國家民族罪萬死，墮獨而死
可惜可惜當了敗家子，當奈公何

我住水星

現在台灣人分住在兩顆星球
一群住火星，講火星話，用火星文
一群住水星，講水星話，用文星文
兩個世界，無蟲洞可以溝通

我住水星最深最冷的地方
孤零零的四周
都是擊不破　鑿不穿的堅硬冰層
陽光進不來
連聲音也都沒有任回聲反映

欲引太陽熱度熔冰取暖
也因距離太遠而
白做工

朋友分手

只是一隻蝴蝶引起的風
風滿樓
山雨隨之而來
有風有雨當然雷公公也來了
轟然一聲巨響

有時不須要一隻蝴蝶
只是一條喝醉的狗
對著你狂吠
甩甩頭走了
緣起緣滅
天邊起雲也是有原因的

第五輯　醉月湖畔的悠閒

2009 年，峨嵋山

2010 年，山西芮城

醉月湖畔的悠閒

台大醉月湖畔景觀是個微型異世界
這裡沒有地心引力
人和湖邊居民都是輕飄飄的
——我不是說阿飄
何況月和湖都喝得醉眼惺忪
誰知道誰有幾兩幾斤重
你不必做什麼
只要走到湖畔人就自然隨風飄揚
心當然也就飄然出塵而飄逸起來

湖邊可愛的咖啡亭也會與你神交
叫香香姑娘端上一杯熱騰騰的咖啡
香雲縈繞　神思騰雲駕霧

鴿子、水鴨、游魚、烏龜、黑天鵝
超可愛的大白鵝
這些居民教育水平高又有氣質
個個都是溫文儒雅的君子
過著桃花源理想國的悠閒日子
你不知不覺被這裡的文質彬彬和悠哉悠哉感染
身心似白雲悠悠

晚風臨、情思繚，那人向我走來
水聲悠揚，而夢無痕
漾漾醉意中，向垂柳説幾句情話
你不信嗎
湖邊一刻是外境一年
幻境也好，實境也罷
人生苦短，承擔太多，身心過重

何不讓醉月湖的悠閒減輕你的重量
擁美景入懷，邀悠閒入夢
別老是受某種引力控制
人生輕飄飄，身心飄飄然

台北街頭上下班一景

每到上下班時間
所有坦克車、自走砲、各種頂層掠食者
走上街頭
沿路轟炸、砲擊、示威
行人紛紛走避或一旁佇足觀戰
突地
碰！一隻不長眼的兔子
對著冷漠無情的金屬反擊
卻被暴龍一口吃了
眾生一臉錯愕
而坦克大砲才不管呢！
轟轟、轟轟……向前衝
有一群更大的暴龍在追殺坦克和大砲

集體逃亡和大規模追殺
是每天上演的舞台劇

那年的兵變

妳曾經是一團火
在我的唇上點燃熊熊烈焰
照亮心空
在我心頭誘動沈睡許久的死火山
瞬間爆發
改變四週一切景物
四射的熱力也維持了很久

太陽為什麼要西沈？也要兵變嗎？
火勢因兵變而熄滅，溫度愈來愈涼
灼傷的痛尚未痊癒
幸好曾有的溫馨是心窩的永久住戶
讓歡樂與痛苦都從記憶中刪除

玩過、愛過、曾經彼此擁有過
我們曾經是一團火

七月

七月的性情最刁鑽古怪
太陽最不受教
不管怎樣調教還是火刺刺的驕傲
風和雲也很無常
而雨，像一場場難料的戰爭
有時像九一一事件
神鬼不覺就爆發了
人和知了比賽誰最喧嘩
只有樹下的雞最自在
隨心禪定

七月，唯一不受你干擾的眾生
只有雞

蝴蝶標本

美麗的夢遲早要醒
夢醒了　遠走高飛
留下來是夢的遺體
不須美容
一樣美麗

青春翩翩起舞，不會永駐
飛過的時光都是春天
當年華老去，我靜靜躺下
躺在棺材裡
一樣散發美麗

下樓梯

那一回
退化性關節炎提前來見
我從二樓下樓梯
一樓階梯望著我
我望著他
有如徐蚌——淮海會戰的兩軍
相互對峙打量
每一個階梯都是
冷潮熱諷的眼睛
扶梯以勝利者的姿態説要布施
我只好讓他扶著下樓梯

二〇一三，一陣風

千禧一三　像一陣風
吹過平原沙漠山嶺留下空空
連你千千結的心也吹得無影無蹤
你看，那一陣陣風
不回眸
走了就是走了　他可輕鬆
獨你心頭沈重
遍地殘葉是你織不起來的記憶
幾縷漣漪是青春不再的唏噓

他要走不必強留
人生如夢　歲月如風
緣起緣滅

才是你心海靈山
永恆的春天

迎接二〇一四

時空折疊又瞬間通過蟲洞
一出洞口　是
二〇一四
另一翻明媚春風
我們歡呼一個新世界
人人心想事成　願望實現
二〇一四啊要你四季如春
讓春柳在湖邊寫意
得意泛在人們臉龐
春風撫摸大地
大地的心祈禱　這一年
地球上沒有天災人禍

讀不懂妳

我們相對而坐
坐，幾十年
讀妳
妳的眼神映出一片江南煙雲
我欲隨煙雲飄去
想要祈求一滴溫柔的雲雨

雲雨幻化成一條魚
游弋在江洋中浮浮潛潛
我追　我讀
我化成大雁鼓足翅膀
只想追妳　讀妳
卻仍讀不懂妳

望著妳向更遠更高的藍空
飛遠　飛遠

公館街頭瞬間一景

午後　熙來攘往的人潮中
突然
許多眼神雙胞胎
同時告別了睫毛、眼球等家人
飛快的　專注的
盯住不遠處少女的
迷妳裙——下的
兩支雪白婷立的筊白筍

又瞬間　玉筍沒入人潮
眾眼神回去和家人相聚
旁邊有兩起行人和腳踏車相撞
有人回神過來幫忙處理

美女，街景

那美女，色絕
像一條強大的拖網漁船
有無數鉤和網
從她身上放射出來
滿街的魚都被網羅鉤住
且被拉扯

美麗的船
往前移動
群魚被拉著向前游
眼看著就要收網
船開進一家修船廠
鉤網放開了群魚

群魚
恢復了悠游自在

失寵的郵票

我雖嬌小卻有壯志
一生旅行於三大洋五大洲　以及
所有大城小鎮間
總數面積加起來可以蓋住天空

我有神聖的使命感
世人之友情、愛情、親情及其他
都一肩承担
許多人的愛和豐功大業
由我促成

曾幾何時電腦大流行
伊媚兒臉書和賴什麼的

集全民寵愛於一身
我單薄的身子失寵成一支
秋扇　巴望著集郵的人
關愛的眼神

酒意上樹

酒意自心田長出新芽
不久成一棵大樹
瞬間綠葉轉黃
心事落滿地　酒意爬上樹

午夜，又有殘葉說酒話
把夢壓得又重又厚
清晨
仍在糾纏那杯未喝的酒

這杯未喝的交杯酒
引得十年、百年的酒意
不斷在心山的大樹上

上不上　下不下
欲把樹整株砍除
卻找不到可以下斧處

詩，唯一的知音

心中的苦悶孤獨向誰說
我顫動的詩只能
化作詩行
說給詩聽　寫給詩看

情話說給誰聽
情人早已遠離
愛情還埋在古生代的化石層
我化成一行行情詩
念給詩聽　給詩欣賞

我的抱怨、憤怒、批判和委屈
我的人生　我的戰史

只給詩知　給詩讀
詩深懂我心

我與詩同牀眠　同穿一條內褲
深夜與詩共飲一壺酒
詩，是我這輩子唯一的知音

六十的愛

想要愛
是人人心中的一座活火山
誰能阻止要從地心噴發的欲望

自從十多年前血液被層層硬化的地殼馴服
馴而服從、制壓、制約
火山竟快速失去動能
幾成死火山
只剩下一些溫柔的搖搖幌幌
讓人無感的一二級地震

只好把愛昇華到哲學家的高度
沈思
也是一種愛

春天說

有一回我向春天說出
活火山快速變成死火山的故事
她不相信
說絕不可能
自然界沒有這種道理
真正的春天有能耐起死回生
你是沒有碰到人間極品之春

她說，你仔細看
人間極品之春來了
死寂的大地　一片綠油油生機
到處充滿旺盛的生命力
來，我是你的絕美春天

你試試

果然
死火山又成了活火山

春天，有妳真好

我現在很聽春天的話
春天重新啓動我潛藏微弱的生命力
滋養成一座旺盛噴發的活火山
春天，妳是愛的代言人
凡失去的
春風吹又生

看啊！春天百花爭艷
迷迷濛濛的眼神看得叫萬物心跳
示愛的花花草草
失去的和未失去的
都成重新詮釋愛情意義的豐腴土壤
春天，有妳真好

詩，無所不能

我寫一首詩在蘇富比拍賣
至少萬元起跳
出版一本詩集讓粉絲發狂
狂銷百萬本

我一個筋斗雲翻過十萬八千里
我一念緊箍咒
可以箍死十萬個倭寇
我喊一聲凍
長江黃河水都結冰

這一切都在我意象建構
詩意境中

莫愁湖

我常想起妳
想妳的名字
妳鐵定是多愁善感的女子
妳舉杯消愁愁更愁
不然為何叫莫愁

妳說莫愁人更愁
我愁的是，怎樣解妳心中愁
我問湖水
漣漪輕歌唱一曲淡淡的愁
是不是悲慘的歷史叫人愁

小記：莫愁湖在南京水西門外，古來就是金陵美景之一，但現在湖邊蓋起高樓大廈，有些可惜。

那一瞥

那年送妳出國留學
妳一回眸
抽刀斷水
如浪的淚映在水花

妳不想離去
去那遙遠的地方
我們約定
把這份情典藏在心靈深處
有一天我們要喚醒這份深情

年年月光注視著
那張空空的椅子

一朵不懂事的烏雲飄來
明月的回眸就像臨別那一瞥

螳螂愛

人類太膽小又自私
知道求愛要付出生命鐵定不幹
不夠資格談愛
像我們螳螂族
愛的價值遠遠超過生命
為求愛也為物種延續
當她發出愛的訊息
我知道這是一條不歸路
但我勇於赴愛，準備犧牲小我
以生命示愛
痛痛快快的愛一場　並以
肉身供養愛侶
讓她滋補把我族類的愛傳揚下去

小記：雌雄螳螂做愛時，雌螳螂會在「房事」將結束前，咬死雄螳螂，並吃掉它。

老夫妻

只有
上弦月　加
下弦月
才是圓的
圓，也只是一下下的
影子

很快問題來了
這個缺　那個缺
缺了又圓
陰陰晴晴的笑罵著
那反反復復的
陰影

推倒一面比柏林圍牆更大的牆

在很多人心中有一面面巨牆
比柏林圍牆大很多
這牆由一塊塊七情六欲磚建造
又用貪瞋痴慢疑黏膠連結
堅固無比
大火燒不盡　春風吹又生
大水沖不垮　水去又復原
巨牆有基因　代代傳承
但很奇怪　多數人皆說
沒看見呀，牆在那裡？
你從出生、長大、成家立業
你就被這牆包圍　塑造

你被建構成一座巨牆
你被植入牆的基因
你一輩子為建構圍牆、悍衛巨牆
而打拼
九死而不悔
而說牆是不存在的

現在你老了，你才發現一面巨牆
霸佔了你全部的心空
你在牆內孤獨一生
現在你要找牆　牆在那裡
一定要找出來　放逐牆
推倒一面面牆　判牆的死刑
你才能隨風而去
去到那風也到不了的地方
自我解放

第六輯　和死亡對話

2009 年，重慶大學

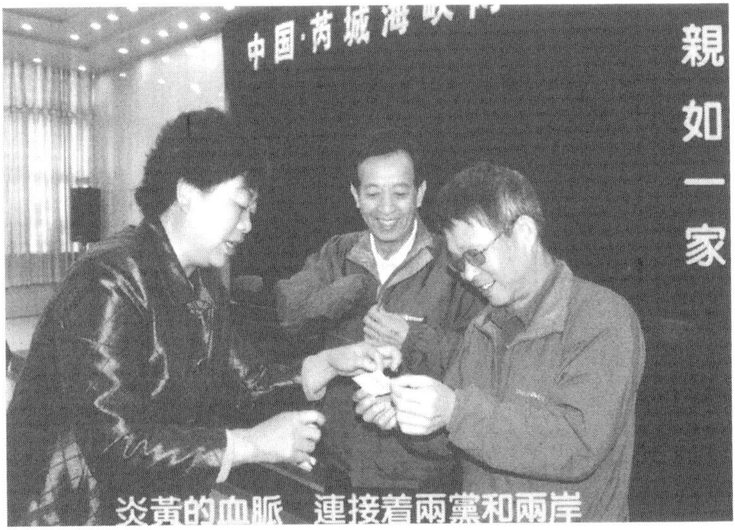

2010 年，山西芮城

和死亡對話

死亡長像恐怖嗎
為什麼人人都怕

我一定要問死亡是混什麼的
寫一張短箋用快捷寄給死亡啓
先打聽居家環境　那裡最好
寄一張生活照來讓我看看
死亡的真相
未死的信差說他不能過奈河橋
信件暫置奈河畔

深夜死亡來我夢中答話說
死亡是最接近新生命的地方

如一朵花落　如詩之成
時空和因果也在這裡匯流入大海
隨業而去　解放流轉

把空間剝光衣服

空間橫躺而且扭曲
產生巨大的引力
吸引你，必須入侵並統一空間
但入侵之前
必須剝光空間的衣服

於是
我和空間發生一場戰役
幾回會戰
空間顫動
動，像一隻姝麗寵物
任你自黑洞中進出
戰場產生水患

起初只是口水
口水變洪水
洪水沖垮宇宙的四支大柱

過程中
我和空間都垮了
垮向對方的懷裡
剝光衣服還不滿足
接著雙雙也把皮剝了
把肉也溶了
一再從黑洞進出過程中溶解對方
浸淫在浸淫中
一再溶解、重製、解構又結構
我們經多次溶製

我已非我
空間也非空間
物質非物質
時間留在黑洞中
我們完成了終極統一
一個軀體願意被另一個軀體
任意咀嚼
而時間、空間和物質
都是一隻隻剝光衣服的姝麗寵物

註：「空間、時間和物質都是人們的錯覺。」這是愛因斯坦說的。

給你

你活著
可是，你把生命給了誰？
醫生？鈔票？時間？一片土地？

你有血有肉
可是，你的生活是不是有血有肉？
或只是喝血吃肉
若然
你已窮得只剩血和肉
你有骨頭
可是，你的生活有沒有骨頭？
或只是一根被丟棄的雞骨頭

人生有起落貧富
至少你可以讓生活有血有肉有骨頭
人生會像一首詩

一顆淚

半世紀前的那
一顆淚
為什麼至今
垂著
懸垂著，欲墜不落地
晶圓、火熱、碎心
一滴淚
為什麼比地球
重
重重的，壓在心頭
小小的一滴淚

為什麼掀起天高巨浪
改變了歷史走向
人生也大幅度翻轉
連生命的顏色和滋味也變了

這一顆比地球重的淚
始終仍壓在心頭
因為是非對錯好壞功過尚無答案
懸垂的淚
何時落地？消溶

因為死人、世界才美

我們是有史以來所有的死人
我們興高彩烈開著地下轟趴
慶祝我們對全人類的貢獻
喜歡做人的又去投胎轉世
有的去了西方極樂世界
須要再教育的被送到地獄去苦修
但無論如何
因為有死人　到處死人多
這世界才顯得真善美

我們到了該死的時候就走人
路上才不會滿路百歲千歲萬歲人瑞
糧食才夠吃　房子才夠住

空間才夠用　淨水方夠喝
錢財才夠花
老人年金才永續有得發
社會才有活力
世界才美麗　而最重要的
兒孫才不會太辛苦
政府才不會垮台

若我們永遠都不要死
政府很快就垮台
乃至亡黨亡國
又壓死了地球

因此，所有死人一致認為
救國家民族　救世界　救社會

捨我等死人誰其能？
所有死人也漸漸有一種看法
社會要和諧　世界要和平
現在所有活著的人必須盡快死光光
才是世界之至美

人生

之一：

扳機一摳

咻——

走了

之二：

嗒嗒嗒、嗒——

啊

中彈，完了

之三：

噓——呼——

護士對家屬說

現在指數是1

之四：

我颼、我颼、我颼颼

碰

電線桿跟我過不去

之五：

「上帝也不能使我沉沒」

碰——

救生艇上的人靜靜的看著

死神、抓他

之六：

「各位旅客紐約就快到了」

轟——

之七：

一艘艘
駛過時空之海
激起浪花
浪花消逝
有海
無痕
夜晚時眾星竊竊私語
荒謬

給老夫一個住的地方

陽界那些未來的鬼都說
這些無主孤墳
統統要遷走　綠化後成公園
真是豈有此理
老夫在此住了幾十年　有上百年的
不過我鄰居是新來的

陽界的鬼人有何資格叫我們走路
有問過我們嗎？先到先佔
或至少也要問問我們領導
最近我們地下居民開里民大會
上級領導同意再請示上級
勿論如何　給老夫一個住的地方

陰間有酒喝嗎

——警方大力取締酒駕後

聽說陰間什麼苦刑都有
熱鐵纏身　銅汁灌喉
為啥不灌酒呢
冥府無酒
是不是閻羅王下了禁酒令
立委該去查查
是否違憲　或違反鬼權
人有人權　鬼也有鬼權
經陰陽兩界啓動調查機制
調查員參訪各界廟宇
地藏廟列為視察重點

香花素果　三牲五醴
少不了清酒一杯
都說：無酒擲無筊
眾神也喝酒
委員會建議陰間開放賣酒
陽界將有大批酒駕肇事者押解送到

二〇一三年四月・三月詩會・陳福成

他是死人嗎？

他是死人
總經理這麼說
他鐵定就是死人了
他沒救了

你說他死了
她也說他是死人
醫生也宣判死亡

這些都不對
你們問過死人死了嗎？
他不回答不表示他已死
他只是心死

他有權行使緘默
這世界到底誰說了算數？

別抹黑鬼

有個詩人說
與鬼為鄰時要變成石頭
說真話，被攻擊
說假話，受贊美
與鬼為鄰時要沈默

這位仁兄請勿抹黑鬼
古今中外未聞鬼騙人
未聞鬼害人
所有騙人、幹壞事的全都是人

人類的文化文明
遠不如鬼文化鬼文明來得進步

仁兄醉酒

狂飲一罎得意，引燃一座火山
沒醉，火山瞬間化解成海
掀起大海嘯
吞沒了第七艦隊
製造「三一一」大災難
還說不滅倭寇不醒來

小二，酒全都拿來
酒不夠，快去種萬畝高粱
飲盡山河大地
金樽還空
小二，去把太平洋倒進來
還空　把月亮裝來

二〇一三年四月三日詩會　陳福成

詩人是一隻火鳥

這隻鳥若不燒
沒有詩
燒，才騷
騷成一隻火紅的鳥
詩有血有肉有骨
燒的旺旺
有意象有境界有靈氣
只管燒
把溫度燒到百度千度
便是不死的火鳥
生出的詩可傳千秋
不朽

陳福成 80 著編譯作品彙編總集

編號	書　　　　名	出版社	出版時間	定價	字數（萬）	內容性質
1	決戰閏八月：後鄧時代中共武力犯台研究	金台灣	1995.7	250	10	軍事、政治
2	防衛大臺灣：臺海安全與三軍戰略大佈局	金台灣	1995.11	350	13	軍事、戰略
3	非常傳銷學：傳銷的陷阱與突圍對策	金台灣	1996.12	250	6	傳銷、直銷
4	國家安全與情治機關的弔詭	幼　獅	1998.7	200	9	國安、情治
5	國家安全與戰略關係	時　英	2000.3	300	10	國安、戰略研究
6	尋找一座山	慧　明	2002.2	260	2	現代詩集
7	解開兩岸 10 大弔詭	黎　明	2001.12	280	10	兩岸關係
8	孫子實戰經驗研究	黎　明	2003.7	290	10	兵學
9	大陸政策與兩岸關係	黎　明	2004.3	290	10	兩岸關係
10	五十不惑：一個軍校生的半生塵影	時　英	2004.5	300	13	前傳
11	中國戰爭歷代新詮	時　英	2006.7	350	16	戰爭研究
12	中國近代黨派發展研究新詮	時　英	2006.9	350	20	中國黨派
13	中國政治思想新詮	時　英	2006.9	400	40	政治思想
14	中國四大兵法家新詮：孫子、吳起、孫臏、孔明	時　英	2006.9	350	25	兵法家
15	春秋記實	時　英	2006.9	250	2	現代詩集
16	新領導與管理實務：新叢林時代領袖群倫的智慧	時　英	2008.3	350	13	領導、管理學
17	性情世界：陳福成的情詩集	時　英	2007.2	300	2	現代詩集
18	國家安全論壇	時　英	2007.2	350	10	國安、民族戰爭
19	頓悟學習	文史哲	2007.12	260	9	人生、頓悟、啓蒙
20	春秋正義	文史哲	2007.12	300	10	春秋論文選
21	公主與王子的夢幻	文史哲	2007.12	300	10	人生、愛情
22	幻夢花開一江山	文史哲	2008.3	200	2	傳統詩集
23	一個軍校生的台大閒情	文史哲	2008.6	280	3	現代詩、散文
24	愛倫坡恐怖推理小說經典新選	文史哲	2009.2	280	10	翻譯小說
25	春秋詩選	文史哲	2009.2	380	5	現代詩集
26	神劍與屠刀（人類學論文集）	文史哲	2009.10	220	6	人類學
27	赤縣行腳・神州心旅	秀　威	2009.12	260	3	現代詩、傳統詩
28	八方風雨・性情世界	秀　威	2010.6	300	4	詩集、詩論
29	洄游的鮭魚：巴蜀返鄉記	文史哲	2010.1	300	9	詩、遊記、論文
30	古道・秋風・瘦筆	文史哲	2010.4	280	8	春秋散文
31	山西芮城劉焦智（鳳梅人）報研究	文史哲	2010.4	340	10	春秋人物
32	男人和女人的情話真話（一頁一小品）	秀　威	2010.11	250	8	男人女人人生智慧

陳福成80著編譯作品彙編總集

編號	書　　　名	出版社	出版時間	定價	字數（萬）	內容性質
33	三月詩會研究：春秋大業18年	文史哲	2010.12	560	12	詩社研究
34	迷情・奇謀・輪迴（合訂本）	文史哲	2011.1	760	35	警世、情色
35	找尋理想國：中國式民主政治研究要綱	文史哲	2011.2	160	3	政治
36	在「鳳梅人」小橋上：中國山西芮城三人行	文史哲	2011.4	480	13	遊記
37	我所知道的孫大公（黃埔28期）	文史哲	2011.4	320	10	春秋人物
38	漸陳勇士陳宏傳：他和劉學慧的傳奇故事	文史哲	2011.5	260	10	春秋人物
39	大浩劫後：倭國「天譴說」溯源探解	文史哲	2011.6	160	3	歷史、天命
40	臺北公館地區開發史	唐　山	2011.7	200	5	地方誌
41	從皈依到短期出家：另一種人生體驗	唐　山	2012.4	240	4	學佛體驗
42	第四波戰爭開山鼻祖賓拉登	文史哲	2011.7	180	3	戰爭研究
43	臺大逸仙學會：中國統一的經營	文史哲	2011.8	280	6	統一之戰
44	金秋六人行：鄭州山西之旅	文史哲	2012.3	640	15	遊記、詩
45	中國神譜：中國民間信仰之理論與實務	文史哲	2012.1	680	20	民間信仰
46	中國當代平民詩人王學忠	文史哲	2012.4	380	10	詩人、詩品
47	三月詩會20年紀念別集	文史哲	2012.6	420	8	詩社研究
48	臺灣邊陲之美	文史哲	2012.9	300	6	詩歌、散文
49	政治學方法論概說	文史哲	2012.9	350	8	方法研究
50	西洋政治思想史概述	文史哲	2012.9	400	10	思想史
51	與君賞玩天地寬：陳福成作品評論與迴響	文史哲	2013.5	380	9	文學、文化
52	三世因緣：書畫芳香幾世情	文史哲				書法、國畫集
53	讀詩稗記：蟾蜍山萬盛草齋文存	文史哲	2013.3	450	10	讀詩、讀史
54	嚴謹與浪漫之間：詩俠范揚松	文史哲	2013.3	540	12	春秋人物
55	臺中開發史：兼臺中龍井陳家移臺略考	文史哲	2012.11	440	12	地方誌
56	最自在的是彩霞：台大退休人員聯誼會	文史哲	2012.9	300	8	台大校園
57	古晟的誕生：陳福成60詩選	文史哲	2013.4	440	3	現代詩集
58	台大教官興衰錄：我的軍訓教官經驗回顧	文史哲	2013.10	360	8	台大、教官
59	爲中華民族的生存發展集百書疏：孫大公的思想主張書函手稿	文史哲	2013.7	480	10	書簡
60	把腳印典藏在雲端：三月詩會詩人手稿詩	文史哲	2014.2	540	3	手稿詩
61	英文單字研究：徹底理解英文單字記憶法	文史哲	2013.10	200	7	英文字研究
62	迷航記：黃埔情暨陸官44期一些閒話	文史哲	2013.5	500	10	軍旅記事
63	天帝教的中華文化意涵：掬一瓢《教訊》品天香	文史哲	2013.8	420	10	宗教思想
64	一信詩學研究：徐榮慶的文學生命風華	文史哲	2013.7	480	15	文學研究

陳福成 80 著編譯作品彙編總集

編號	書　　　　名	出版社	出版時間	定價	字數（萬）	內容性質
65	「日本問題」的終極處理 — 廿一世紀中國人的天命與扶桑省建設要綱	文史哲	2013.7	140	2	民族安全
66	留住末代書寫的身影：三月詩會詩人往來書簡	文史哲			6	書簡、手稿
67	台北的前世今生：圖文說台北開發的故事	文史哲	2014.1	500	10	台北開發、史前史
68	奴婢妾匪到革命家之路：復興廣播電台謝雪紅訪講錄	文史哲	2014.2	700	25	重新定位謝雪紅
69	台北公館台大地區考古・導覽：圖文說公館台大的前世今生	文史哲	2014.5	440		
70	那些年我們是這樣談戀愛寫情書的（上）	文史哲				
71	那些年我們是這樣談戀愛寫情書的（下）	文史哲				
72	我的革命檔案	文史哲	2014.5	420		革命檔案
73	我這一輩子幹了些什麼好事	文史哲				人生記錄
74	最後一代書寫的身影：陳福成的往來殘簡殘存集	文史哲				書簡
75	「外公」和「外婆」的詩	文史哲				現代詩集
76	中國全民民主統一會北京行：兼全統會現況和發展	文史哲			5	
77	六十後詩雜記現代詩集	文史哲	2014.6		2	現代詩集
78	胡爾泰現代詩臆說：發現一個詩人的桃花源	文史哲	2014.5	380	8	現代詩欣賞
79	從魯迅文學醫人魂救國魂說起：兼論中國新詩的精神重建	文史哲	2014.5	260	10	文學
80						
81						
82						
83						
84						
85						
86						
87						
88						
89						
90						
91						
92						
93						
94						

陳福成國防通識課程著編作品

（各級學校教科書）

編號	書　　　　　　名	出版社	教育部審定
1	國家安全概論（大學院校用）	幼　獅	民國 86 年
2	國家安全概述（高中職、專科用）	幼　獅	民國 86 年
3	國家安全概論（台灣大學專用書）	台　大	（台大不送審）
4	軍事研究（大專院校用）	全　華	民國 95 年
5	國防通識（第一冊、高中學生用）	龍　騰	民國 94 年課程要綱
6	國防通識（第二冊、高中學生用）	龍　騰	同
7	國防通識（第三冊、高中學生用）	龍　騰	同
8	國防通識（第四冊、高中學生用）	龍　騰	同
9	國防通識（第一冊、教師專用）	龍　騰	同
10	國防通識（第二冊、教師專用）	龍　騰	同
11	國防通識（第三冊、教師專用）	龍　騰	同
12	國防通識（第四冊、教師專用）	龍　騰	同

註：以上除編號 4，餘均非賣品，編號 4 至 12 均合著。